17 décembre 1912
Pau

VENTE
après Décès
les Mardi 17, Mercredi 18, Jeudi 19
et Vendredi 20 Décembre 1912
HOTEL LAWRANCE
7, Rue du Lycée
PAU

TAPISSERIES
PEINTURES
Objets d'Art et d'Ornement
Anciens.

COMMISSAIRE - PRISEUR
Me FERNAND RIGOULET
NOTAIRE
15, Rue Léon-Daran, 15
PAU

ASSISTÉ DE
M. ERNEST DESCAMPS
EXPERT ASSERMENTÉ
2, Rue Jean-Jacques-Bel
BORDEAUX

IMPRIMERIE
GARET & HARISTOY
11, RUE DES CORDELIERS
PAU

CATALOGUE

NOMBREUX OBJETS DE VITRINE

en Tabatières, Boîtes, Miniatures, petites Statuettes, Étuis en or, Éventails, Médaillons, Coffrets, etc.

GRAVURES — AQUARELLES — GOUACHES

PEINTURES

La majeure partie moderne des Écoles Française, Hollandaise, Flamande, Espagnole et Italienne

PAR OU ATTRIBUÉES A :

E. Lejeune, Ernesto Fontana, V. Loutrel, L. Meyer, F.-H. Kaemmerer, Toulemouche, C.-H. Bouerton, P.-B. Desprès, Escossura, M. Rico, Boldini, E. Johanson, H. Ten Kate, Peter Greham, V. Capoblanki, Jacquet, James, F. Fontana, J.-A. Walker, F. Herring, Blomart, Max, de Leuw, E. Van Marcke, A. Schreyer, P.-J. Clays, A. Casanova, Madrazo, E. Detaille, R. Bonheur, Bouguereau, Roger de Bruges, Coello (Alonzo), etc.

TAPISSERIES FINES

des Manufactures d'Aubusson du XVIIIe Siècle

CONSISTANT EN

PANNEAUX ET MEUBLES DE SALON

SERVICES PORCELAINE Cie DES INDES (Armoiriées)

MEUBLES

Français, Espagnols et Italiens des XVIIe, XVIIIe et XIXe Siècles

en Tables, Commodes, Cabinets, Coffres, Armoires, Table-Bureau, etc.

TAPIS D'ORIENT

Provenant de la Collection de feu Monsieur F.-C. LAWRANCE

dont la Vente aux Enchères aura lieu

en son Hôtel, 7, Rue du Lycée, à PAU

les Mardi 17, Mercredi 18, Jeudi 19 et Vendredi 20 Décembre 1912

à 2 heures

Par le Ministère de

Me Fernand RIGOULET

NOTAIRE

15, Rue Léon-Daran

PAU

Assisté de

M. Ernest DESCAMPS

EXPERT ASSERMENTÉ

2, Rue Jean-Jacques-Bel

BORDEAUX

EXPOSITION PARTICULIÈRE

le Dimanche 15 Décembre 1912 dans les Salons de l'Hôtel, de 2 heures à 5 heures.

EXPOSITION PUBLIQUE

le Lundi 16 Décembre 1912, de 2 heures à 5 heures.

CONDITIONS de la VENTE

Elle sera faite au comptant.

Les adjudicataires payeront 10 % en sus des enchères.

Aucun objet ne pourra être enlevé avant paiement.

NOTA. - Les Expositions permettant au public de pouvoir se rendre compte de la nature et de l'état des objets, aucune réclamation ne sera admise une fois l'adjudication prononcée.

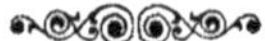

ORDRE DES VACATIONS

Le Mardi 17 Décembre 1912...	N°s 1 à 80 : Objets de Vitrine. N°s 138 à 150 : Bronzes, Statuettes et divers. N°s 167 à 170 : Meubles.
Le Mercredi 18 Décembre 1912..	N°s 81 à 137 : Objets de Vitrine. N°s 151 à 166 : Bronzes, Statuettes et divers. N°s 171 à 187 : Meubles divers.
Le Jeudi 19 Décembre 1912....	N°s 200 à 238 : Gravures, Aquarelles, Gouaches. N°s 239 à 275 : Peintures.
Le Vendredi 20 Décembre 1912..	N°s 276 à 306 : Peintures. N°s 191 à 197 : Meubles de Salon et Panneaux en Aubusson. N°s 188 à 190 : Petits Meubles Marqueterie. N°s 198 à 199 : Deux Regulateurs Louis XV. N°s 310 à 312 : Services Compagnie des Indes. Carpettes d'Orient.

Si toutefois il y avait lieu, l'Expert se réserve le droit d'intervertir l'ordre numérique.

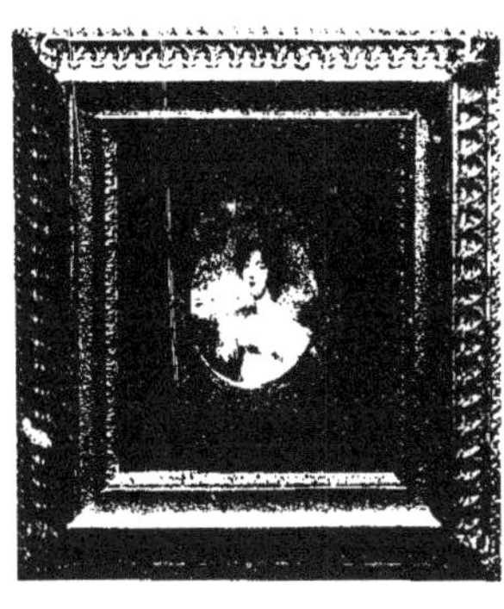

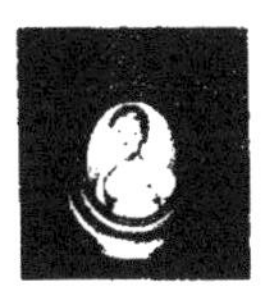

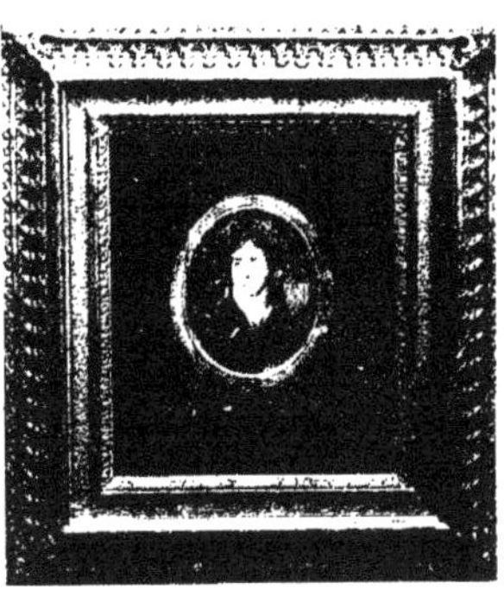

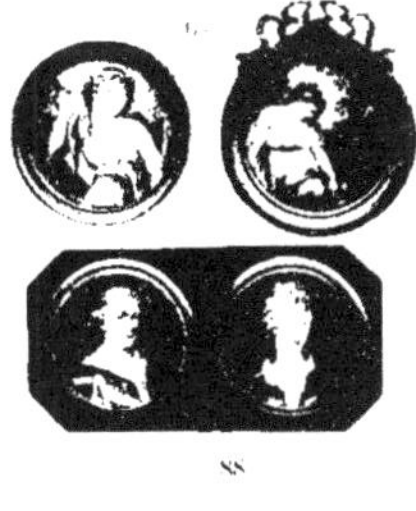

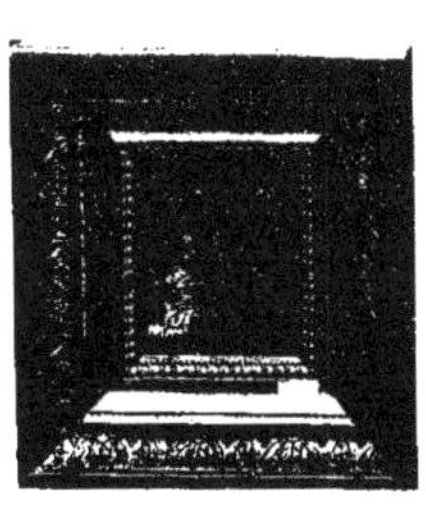

85

88

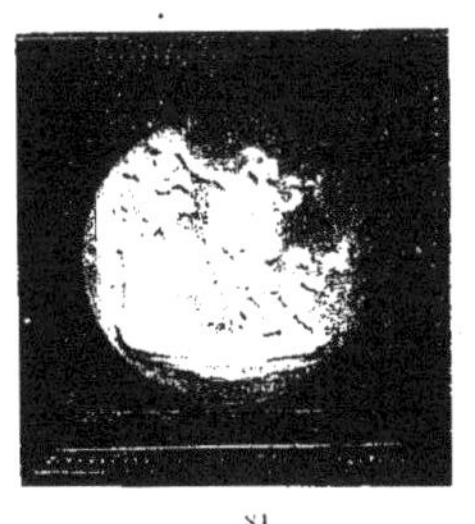

84

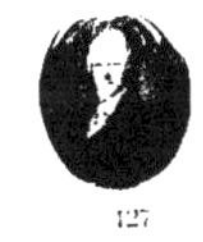

127

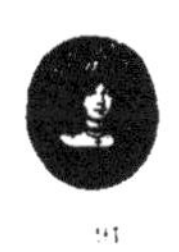

94

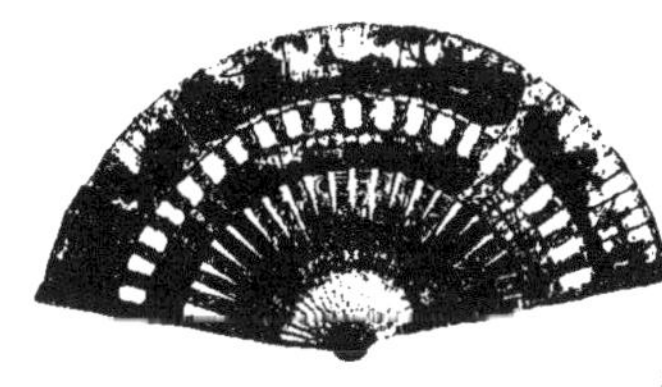

133

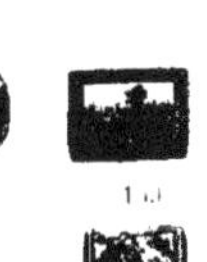

124

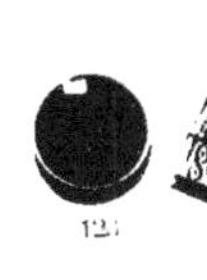

123

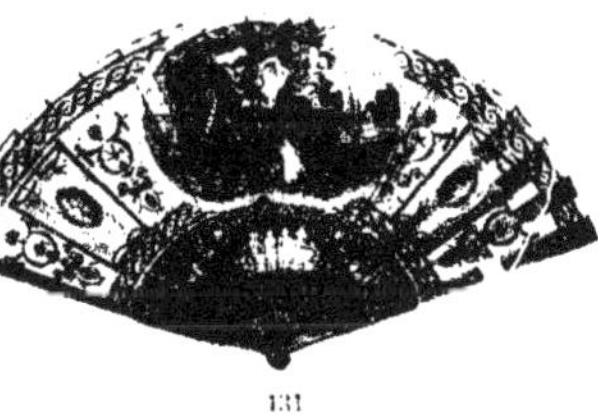

131

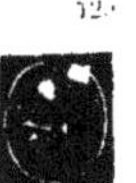

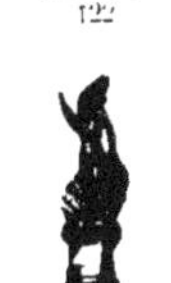

122

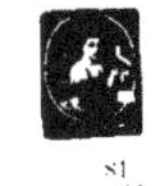

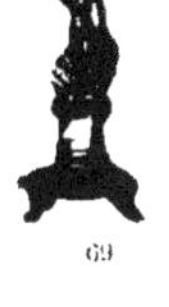

82

81

76

69

77

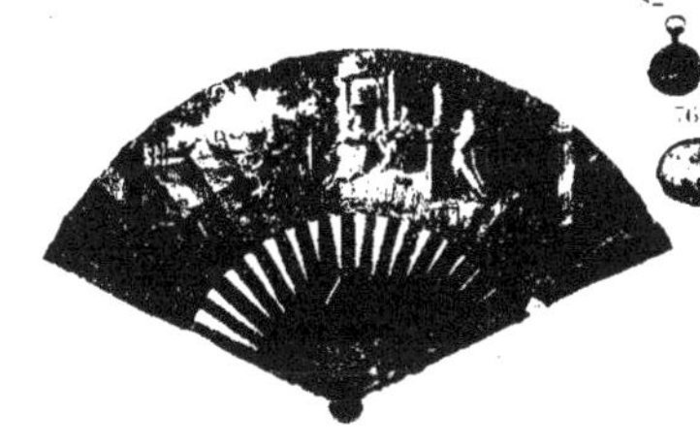

121

126

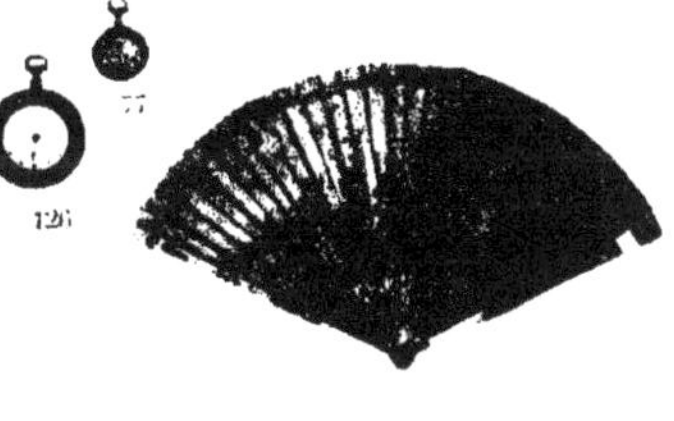

132

137

OBJETS DE VITRINE

ET DIVERS

ANCIENS ET MODERNES

---

1. — Médaillon cuivre : *Portrait de Femme*, Louis XVI, plaquette cuivre, genre byzantin ; Deux petits cochons en plomb peint (3 pièces).

2. — Médaillon Louis XVI strass : *Portrait de Femme ;* Miniature : *Portrait de Femme*, Louis XVI (2 pièces).

3. — Boite Racine avec tête de *Jupiter ;* plaquette cuivre émaillé, genre byzantin (2 pièces).

4. — Boîte ivoire ; Une boite corne : *Charles X, roi de France* (2 pièces).

5. — Portraits de jeunes femmes, porcelaine peinte, dans des médaillons ovales (2 pièces).

6. — Miniature : *Jeune Femme*, cadre noir, et *La Leçon de Musique*, miniature dans cadre noir (2 pièces).

7. — Miniature : *Femme du Premier Empire ; Jeune Mauresque*, gravure sur soie (2 pièces).

8. — Deux petits pots en cloisonné ; Une bouteille et une coquille, genre Chine (3 pièces).

9. — Peinture : Copie de Vigée-Lebrun ; Une *Vierge* en émail de Limoges (2 pièces).

10. — Coffret, imitation argent.

11. — Deux bustes : *Louis XVI* et *Marie-Antoinette*, biscuit Sèvres.

12. — Moine (porte-allumettes) en bronze.

13. — Un verre Bohême ; Une coupe porcelaine Japon, et trois petits vases faïence italienne.

14. — Deux chiens porcelaine de Saxe (moderne).

15. — Bouteille Chine, monture bronze.

16. — Petit coffret et un petit livre argent (2 pièces modernes).

17. — Dent, ivoire sculpté.

18. — Petit coffret indien, écaille et incrustations.

19. — Un peigne cuivre doré et un porte-cigarettes vieil argent.

20. — Une petite bouteille en cuivre ; Une croix argent, et une autre croix argent sur velours (3 pièces).

21. — Miniature : *Homme*, et miniature : *Femme* et groupe breloques argent doré (3 pièces).

22. — Un éventail ; Une miniature (2 pièces).

23. — Boîte émail de Saxe.

24. — Bonbonnière argent.

25. — Pendantif métal blanc ; Petit chariot avec enfant, et une petite statuette ivoire (3 pièces).

26. — Médaillon argent et strass.

27. — Un cœur argent doré ; Un peigne argent doré, et une broche en strass (3 pièces).

28. — Bouteille cuivre doré et ciselé ; Miniature : *Femme*.

29. — Petite glace ivoire avec miniature *Femme* ; Médaillon religieux argent (2 pièces).

30. — Miniature sur ivoire ; Éventail nacre (2 pièces).

31. — Éventail nacre ; Boîte ronde, métal blanc (2 pièces).

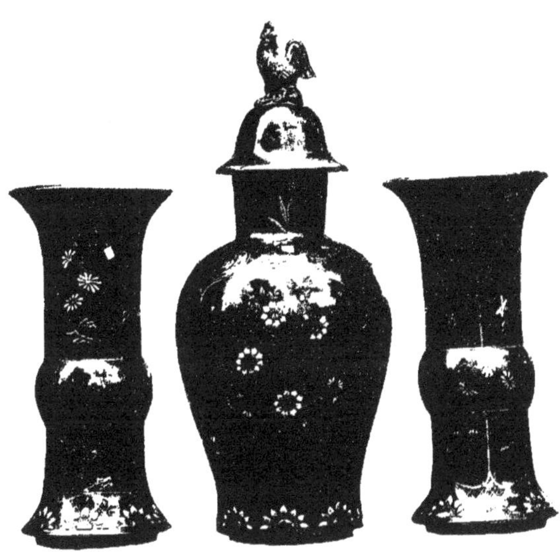

152

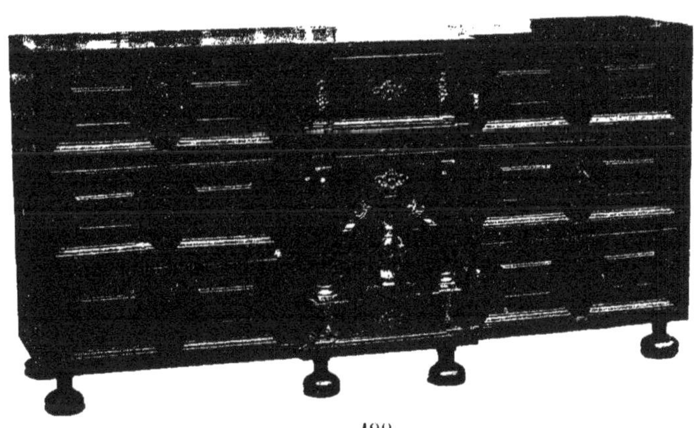

190

Pl. II.

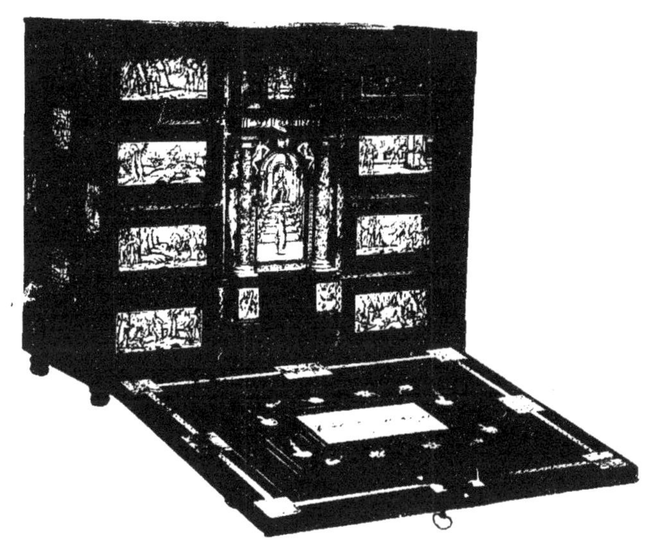

143

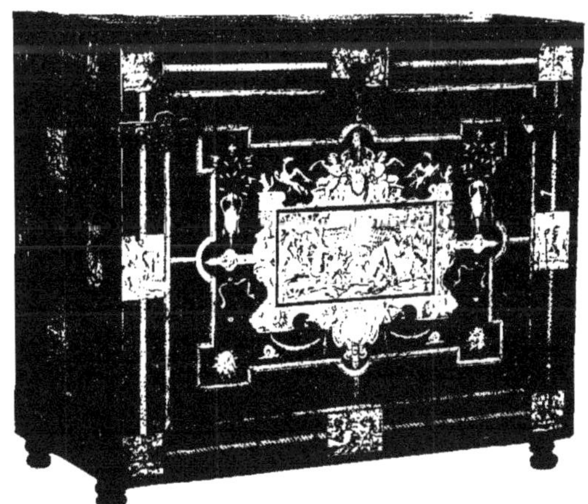

143

32. — Boîte métal blanc ; Petite potiche argent (2 pièces).

33. — Boîte, étui et chaîne argent algérien.

34. — *Portrait de Femme* sur émail ; Miniature sur boîte, ivoire moderne (2 pièces).

35. — Coffret corne, revêtu plaques en argent repoussé.

36. — Bonbonnière genre porcelaine de Saxe ; Boîte à thé porcelaine de Vienne (2 pièces).

37. — *Jeune berger portant un mouton,* métal blanc.

38. — Buste de *Napoléon Ier,* en bronze.

39. — Buste du roi *Henri IV,* en bronze.

40. — Petite statuette : *Vierge* ivoire.

41. — *Vierge* ivoire.

42. — Statuette : *Christ* ivoire.

43. — Petite bouteille polychrome, Delft ; Bouteille, Delft bleu ; Pot à surprise, Strasbourg, et un bol, Japon (4 pièces).

44. — Une glace à main argent, style Renaissance.

OBJETS DE VITRINE

ANCIENS ET DIVERS

45. — Une *Vierge,* pendantif argent doré ; Médaillon Louis XVI miniature : *Homme ;* Un petit carnet de bal 1830 ; Un pendantif russe, argent doré (4 pièces).

46. — Deux pièces argent espagnoles (boucles de manteau) ; Pendantif espagnol, argent doré ; Cachet argent (3 pièces).

47. — Petit bénitier argent.

48. — Médaillon religieux argent.

49. — Pendantif or, perles et corail.

50. — Deux miniatures émail : *Portraits de Femme ;* Petite couronne, argent et strass (3 pièces).

51. — Fermoir de collier, or émaillé (1830) ; Un petit étui à aiguilles or (2 pièces).

52. — Un petit étui or, style Premier Empire.

53. — Deux miniatures : *Hommes* (1830).

54. — Portrait au physionotrace en couleur ; Petite gravure en couleur, fin du XVIIIe siècle (2 pièces).

55. — Miniature : *Homme,* fin du XVIIIe siècle ; Miniature : *Femme se baignant* (2 pièces).

56. — Médaillon argent, sujet émail religieux.

57. — Miniatures : *Homme* et *Femme* (2 pièces).

58. — Petite *Vierge,* ivoire ; Petite boîte corne, incrustations argent (2 pièces).

59. — Miniature : *Homme,* Louis XVI ; Boîte ivoire, avec fixé sur verre (2 pièces).

60. — Peinture religieuse en miniature sur cuir bouilli, cadre doré Louis XVI.

61. — Boîte argent doré.

62. — Boîte ronde, avec miniature en grisaille.

63. — Boîte écaille, avec camée en verre moulé.

64. — Sujets en miniature, cadres dorés (2 pièces).

65. — *Vierge et Enfant Jésus,* peinture, cadre ovale, bronze doré.

66. — Petit coffret fer ciselé, italien, XVIIe siècle.

67. — Hochet espagnol, argent doré, XVIIIe siècle.

68. — *Vierge* espagnole, argent filigrané, XVIIIe siècle.

69. — Statue de *Neptune,* argent doré, XVIIIe siècle.

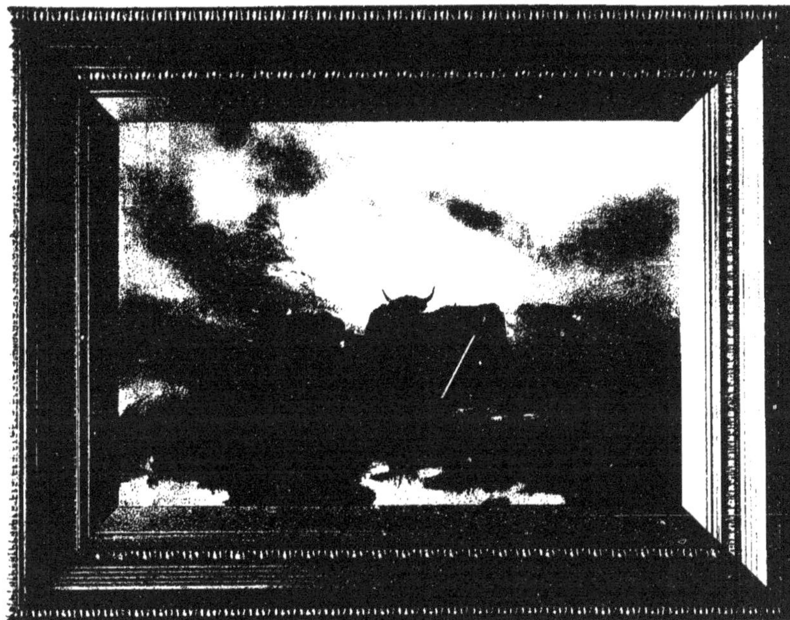

289

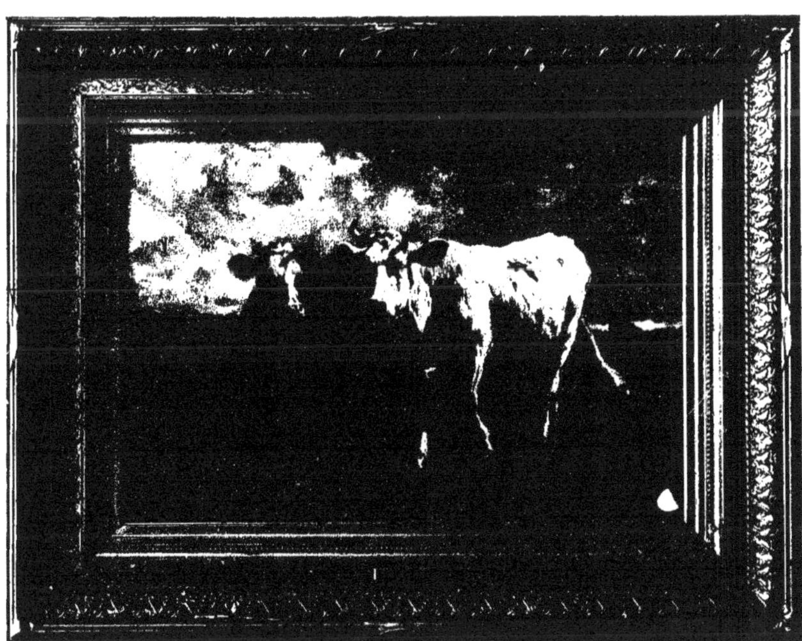

288

303

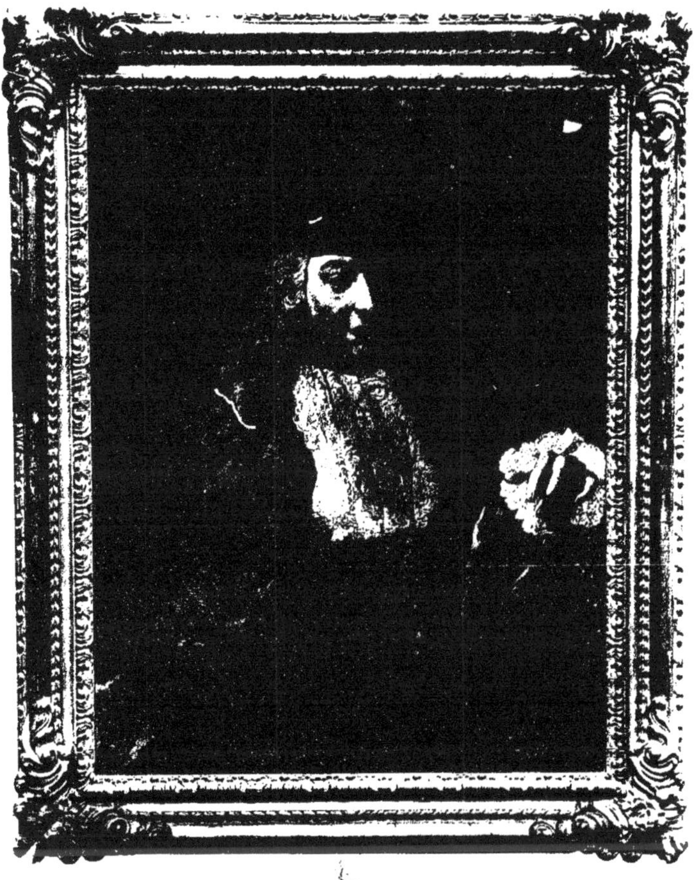

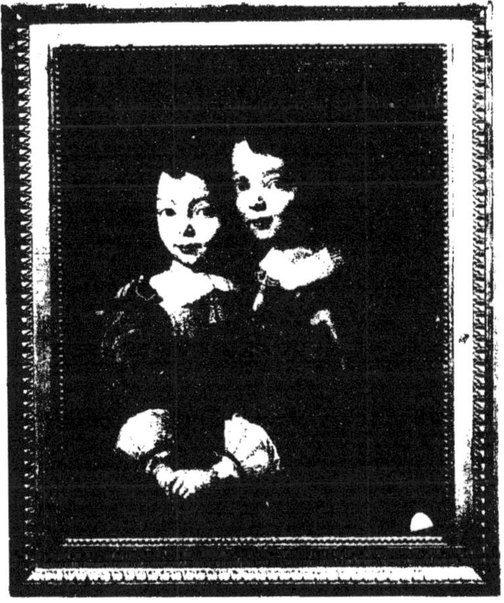

209

70. — Éventail, peinture sur parchemin, monture os.

71. — Éventail, gouache, monture ivoire.

72. — Éventail, gouache et sujet pailleté sur soie, monture ivoire, époque Louis XVI.

73. — Montre cuivre, avec émail (avarié) ; Montre cuivre, sujet, argent relief, XVIIIe siècle (2 pièces).

74. — Montre argent, cadran représentant une croix de Légion d'Honneur ; Montre cuivre, cadran sujet couleurs, peinture sur le boîtier : *Adam et Ève* (2 pièces).

75. — Montre cuivre, sujet émail : *Pastorale*.

76. — Montre cuivre ciselé doré, époque Louis XVI, miniature émail au boîtier.

77. — Montre cuivre ciselé doré, sujet argent relief au boîtier, époque Louis XVI.

78. — Montre argent repoussé, à double boîtier, époque Régence.

79. — Montre argent repoussé, à double boitier, époque Régence.

80. — Montre argent repoussé, à double boîtier, époque Régence.

81. — Émail peint de Limoges : *Saint-Jean-Baptiste*, signé LAUDIN, dimension 9 × 7 (XVIIIe siècle).

82. — Émail peint de LAUDIN : *St-Benoît*, 10 × 8, XVIIIe siècle.

83. — Émail peint : *Vierge, Enfant Jésus* et *Saint-Jean-Baptiste*, NOUAILHER, dimension 88 × 14 (avarié).

84. — Médaillon biscuit de Sèvres, genre WECGWOOD : *Offrande à l'Amour*, commencement du XIXe siècle, encadré.

85. — *Vierge, Sainte-Anne* et *Enfant Jésus*, petite peinture sur cuivre du XVIIIe siècle, encadré.

86. — *Postillons*, petite peinture sur bois, commencement du XIXe siècle.

87. — *Le Christ devant Pilate*, cuivre gravé, cadre bois sculpté, doré, XVIIIe siècle.

88. — *Lord Spencer* et *Lady Spencer*, deux portraits en miniature à l'aquarelle, XIXe siècle.

89. — Miniature : *Homme* (signé GREEN).

90. — Miniature : *Femme* (signé GREEN).

91. — Miniature ovale : *Grisette Bordelaise*, époque 1830 (DAGOTY) signé.

92. — *Le Printemps*, char traîné par des amours, long. $0^m30 \times 0^m13$; *L'Automne*, ronde d'amour autour d'une gerbe, deux pièces importantes ivoire sculpté, haut relief, long. $0^m30 \times 0^m13$, XIXe siècle.

93. — Coffret octogone italien du XVIIIe siècle, ébène, écaille, appliques et feuillage, bronze doré, avec des fruits, matière dure, différentes couleurs.

94. — Mortier bronze, XVIIIe siècle.

95. — *Vénus accroupie*, statuette bronze, XIXe siècle.

OBJETS DE VITRINE

ANCIENS ET MODERNES

96. — Médaillon religieux, genre ivoire, sans cadre ; Miniature moderne : *Mademoiselle de Lambale* (2 pièces).

97. — Petite boîte ivoire, ronde, avec miniature moderne.

98. — Boite ronde, avec miniature moderne.

99. — Boîte rectangulaire, émail, genre Saxe.

100. — Boîte ronde, cuivre doré ciselé, miniature.

101. — Boite rectangulaire, cuivre repoussé.

102. — Boîte ovale, émail de Saxe.

103. — Petite boite rectangulaire, argent doré.

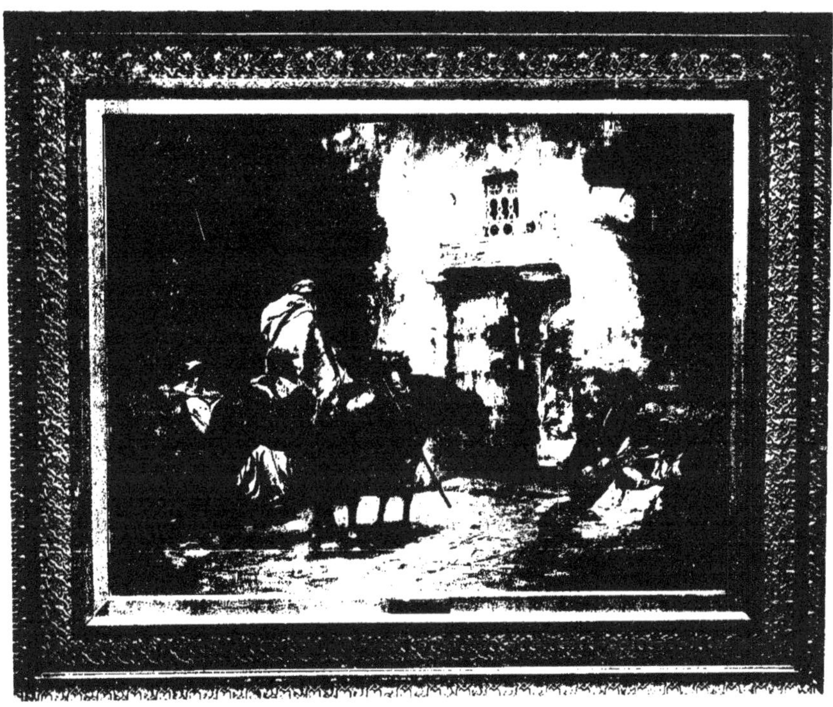

292

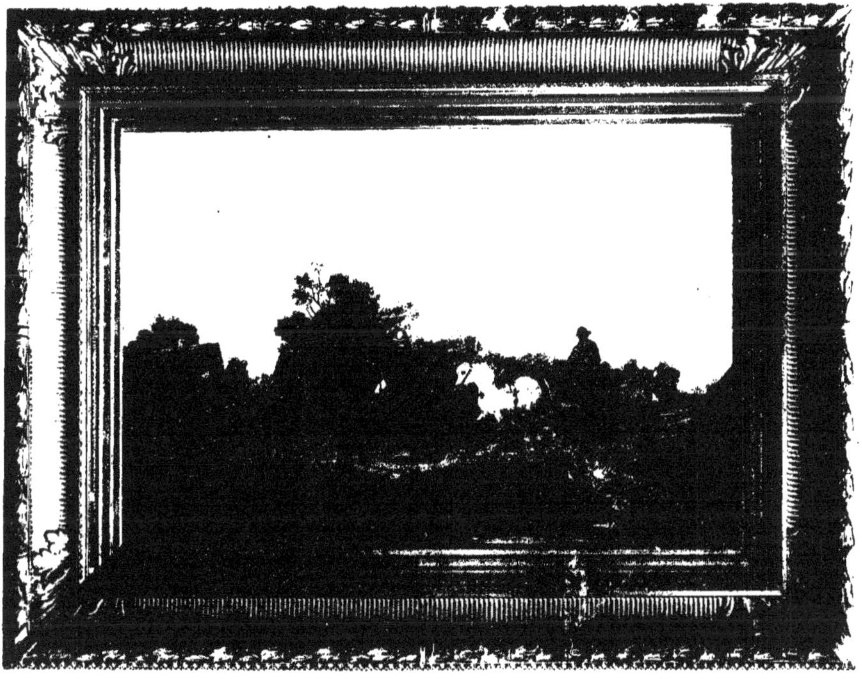

287

104. — Petit médaillon, cuivre doré : *Portrait de Femme,* Louis XVI.

105. — Boîte ovale double, porcelaine genre Saxe.

106. — Petite pendule, style Renaissance, avec sujet peint émaillé, d'après RUBENS.

107. — Grande boîte ovale, porcelaine de Cappo di Monte, moderne.

108. — Grande boîte carrée, émail de Saxe, monture argent.

109. — Boîte rectangulaire, or ciselé, style Louis XVI, avec *Paysage* en émail (or à contrôler).

110. — Boîte ovale, haute, or ciselé, style Louis XVI.

111. — Petit étui à aiguilles, or, style Renaissance.

112. — Grand étui à cire, en or, style Louis XVI.

113. — Grand étui, ors de couleur, ciselé, style Louis XVI.

114. — Canif or, moderne.

115. — Petif canif or, brillants et saphirs.

OBJETS DE VITRINE

ANCIENS

116. — Portrait d'homme physionotras ; Miniature de femme, Louis XVI (2 pièces).

117. — Petite boîte ovale argent.

118. — Écran en galucha, miniature moderne (2 pièces).

119. — Cadre Premier Empire avec miniature en grisaille ; Boîte ovale, émail de Saxe (2 pièces).

120. — Petite boîte rectangulaire, émail de Saxe.

121. — Boîte ovale haute, émail de Saxe, fleurs en relief camaïeu bleu sur fond rose, du XVIIIe siècle.

122. — Boîte rectangulaire, cuivre doré, sujet émail.

123. — Grande boîte ronde, peinture genre vernis Martin.

124. — Boîte ronde, écaille, vernis Martin rouge translucide avec miniature : *Enfant tirant à l'arc.*

125. — Petit carnet époque de la Régence, ornements découpés, ciselés, incrustés dans l'écaille.

126. — Grande montre cuivre doré, double entourage jargon, cercle émail bleu, émail sur le boîtier représentant une jeune femme.

127. — Grande miniature : *Homme,* médaillon ovale, cuivre doré (signé GOUVELET, an VII).

128. — Montre or, enrichie de turquoises et de grenats, époque 1830.

129. — Grand médaillon argent repoussé, doré, avec émail religieux, du XVIIIe siècle, paysage au revers.

130. — Un éventail nacre et lithographies coloriées, XIXe siècle.

131. — Un éventail ivoire sculpté, sujets à personnages, commencement du XIVe siècle.

132. — Un éventail ivoire découpé, ciselé et peint gouache sur velin, milieu du XVIIIe siècle : *David chantant devant Saül.*

133. — Un éventail ivoire, sculpté et peint, feuilles en deux bandes, sujets champêtres, milieu du XVIIIe siècle.

134. — Un éventail nacre découpé, peint avec gouache.

135. — Un éventail ivoire découpé, époque 1830.

136. — Petit éventail ivoire, lamelles plates, peinture genre vernis Martin : *Le Jugement de Paris,* du XVIIIe siècle.

137. — Autre éventail avec sujets importants de chaque côté, du XVIIIe siècle.

138. — Petite peinture sur bois en miniature, dans cadre pâte dorée, attribuée à VAN DEN HERT.

296

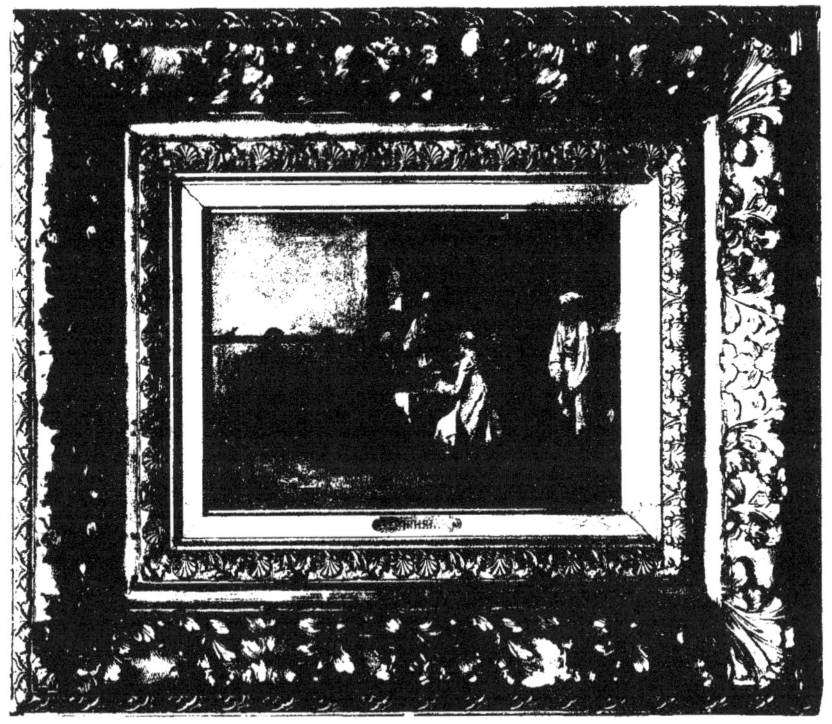

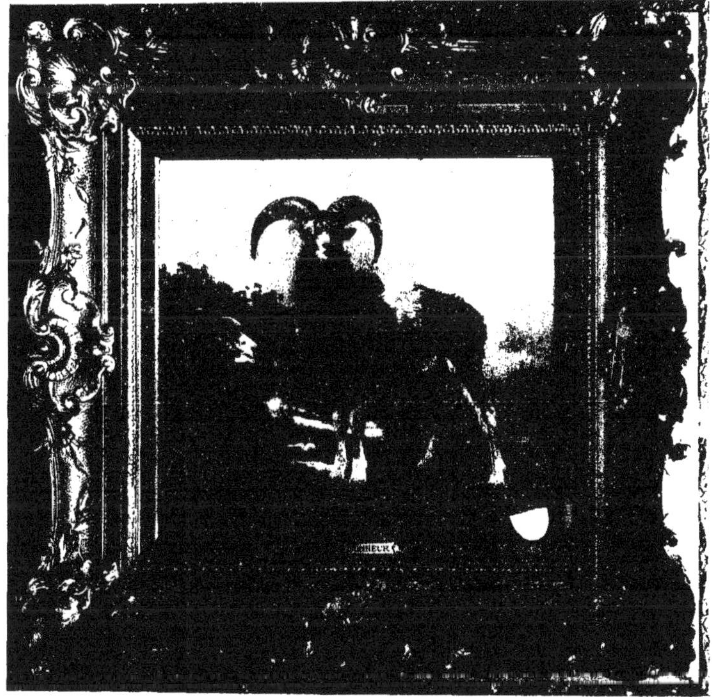

299

139. — Petit coffret italien, bois des Iles, incrustations bois clair, tiroirs avec moulures ébène et écaille rouge (48 × 26), XVIIe siècle.

140. — Coffret italien, du XVIIe siècle, complètement plaqué ivoire, ébène et écaille, et tiroir, incrustations écaille sur ivoire (46 × 34), XVIIe siècle.

141. — Grand *Christ* français, en bel ivoire, hauteur 0[m] 38, pièce très artistique, du commencement du XVIIIe siècle.

142. — Grand *Christ*, bois de Bagard, d'une anatomie remarquable, de la même époque que le précédent, hauteur 0[m] 38 ; Croix de bois décorée en champ levé.

143. — Cabinet scribane italien, fin du XVIe siècle, en ébène, complètement incrusté de plaques d'ivoire gravées et décorées d'arabesques, batailles, etc., longueur 0[m] 85.

144. — Deux petites potiches, ancienne faïence de Delft, sans couvercle.

145. — Petite potiche, Delft bleu, avec couvercle.

146. — Deux tasses à thé ; Un petit plateau octogone, une théière et une salière ancienne porcelaine de Chine de la Compagnie des Indes, le tout armoirié.

147. — Pot à eau, ancienne porcelaine du Japon du XVIIIe siècle, monture argent.

148. — *Henri IV*, petite statuette bronze, hauteur 0[m] 22, sans le socle.

149. — Une paire de petites coupes, bronze chinois, hautes, sur pied, hauteur 0[m] 26.

150. — *Danseur Napolitain*, statuette bronze, signé DURET, hauteur 0[m] 45.

151. — *Chanteur Napolitain*, signé DURET, statuette bronze, hauteur 0[m] 45.

152. — Superbe garniture en vieux Chine, laque rouge et médaillons en réserve, décorée de fleurs, oiseaux, sujets à personnages, hauteur des cornets 0[m] 48, des potiches 0[m] 73, d'un travail très soigné (réparation).

153. — Une paire de petites cassolettes, bronze ciselé doré, style Louis XVI, hauteur 0m 22, et une petite pendule, porcelaine de Saxe : *Cupidon comptant les heures,* du XIXe siècle.

154. — *Le Mercure,* de Jean DE BOLOGNE, statuette bronze, hauteur 0m 70.

155. — *Hébé,* buste en bronze, très fin, commencement du XIXe siècle, hauteur sans le socle 0m 52.

156. — *Voltaire* et *Rousseau,* statuettes bronze, commencement du XIXe siècle, hauteur, sans le socle, 0m 57.

157. — Pendule-Boule ancienne, sans son socle, incrustations de cuivre sur ébène, hauteur 0m 77, bronzes revernis.

158. — Pendule-Boule, incrustations cuivre sur écaille, sans le socle, bronzes revernis, hauteur 0m 83.

159. — Grand cartel, bronze ciselé doré, style Louis XIV, hauteur 0m 89.

160. — Une paire de potiches porcelaine Chine, médaillon en réserve avec fleurs, genre famille verte, sur fonds noir, dessin or très effacé, avec leurs couvercles (XIXe siècle), haut. 0m 49.

161. — *Vénus gallipige,* marbre italien, XIXe siècle, hauteur 0m 82.

162. — Une paire appliques bronze doré, style Louis XIV, à 5 lumières.

163. — Une paire appliques semblables.

164. — Une paire appliques semblables.

165. — Une paire appliques semblables.

166. — Paire de superbes landiers fer forgé, martelé et ciselé, style XVe siècle, hauteur 1m 05, profondeur 0m 74.

293

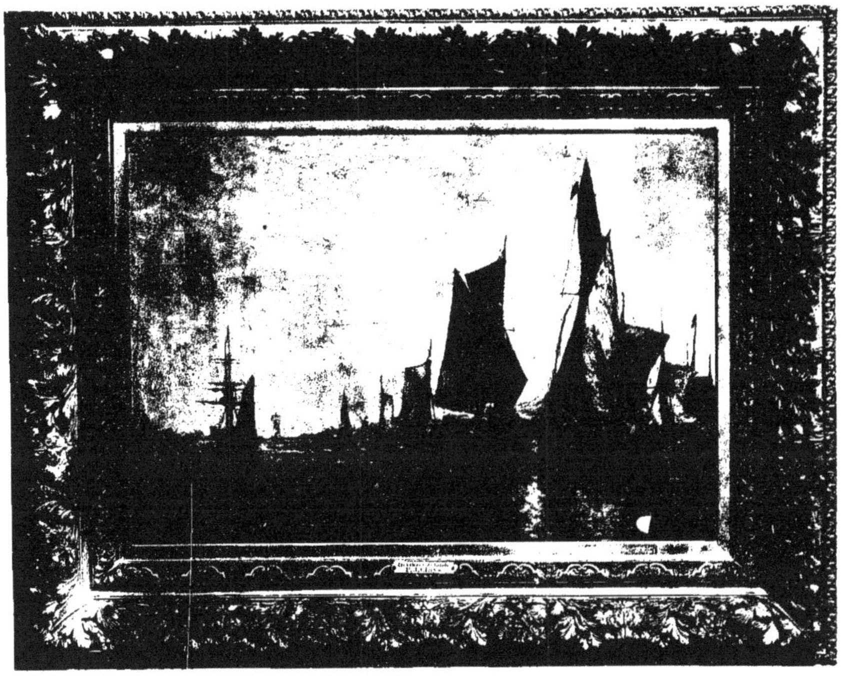

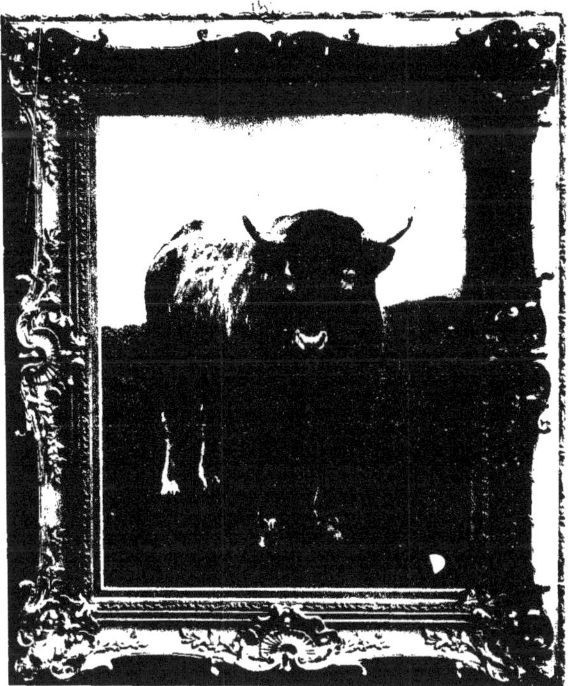

298

SIÈGES ET MEUBLES DIVERS

BRONZES

167. — Tabouret de piano, bois sculpté doré, style Louis XVI.

168. — Un autre tabouret de piano, bois sculpté, ceinture sculptée ajourée.

169. — Petite table carrée à tablettes, marqueterie bois de rose, style Louis XVI.

170. — Petite table double, acajou.

171. — Petit écran acajou, devant de feu à trois feuilles soie, galerie de cuivre, style Louis XVI.

172. — Table guéridon à quatre pieds, acajou, garnie de bronze doré, dessus marbre, style Louis XVI.

173. — Deux porte-parapluie porcelaine Japon, modernes.

174. — Deux très grands cache-pots, Chine bleu, moderne.

175. — Deux supports forme tonneau, porcelaine bleue ajourée, genre Chinois, moderne.

176. — Un brasero espagnol XVIIe siècle, de forme circulaire, bords lobés, en cuivre repoussé, orné de fleurs de lys, supports style Louis XIII, à colonne torses, noyer moderne.

177. — Un autre brasero, cuivre repoussé, clouté, bustes d'hommes du XVIIe siècle, supports chêne tourné de l'époque, restauré (diamètre 110 pour les deux braseros).

177^b^ — Fauteuil raqueté fin, époque de la Régence, noyer sculpté, belle conservation.

178. — Une paire de chaises portugaises, sculptées ajourées, garnies de cuir incisé et gauffré, XVIIe siècle.

179. — Un fauteuil haut dossier, chêne sculpté, style Renaissance, garni de cuir rouge, semé d'étoiles d'or, XIXe siècle.

180. — Un grand coffre de vestibule, noyer sculpté, XVIe siècle (couvercle refait), longueur 1 m 75, hauteur 0 m 63.

181. — Un autre coffre de vestibule en noyer, sculpture moderne, style XVe siècle (couvercle refait), longueur 1 m 72, hauteur 0 m 66.

182. — Grand cabinet, noyer, entièrement sculpté, style Renaissance, cariatides, personnages, animaux, arabesques, reposant sur une table également moderne, à sculpture s'harmonisant avec celle du cabinet, hauteur des deux pièces ensemble 2 m 20.

183. — Grande chaise de dime, noyer et chêne sculpté, style Renaissance, largeur 0 m 68, hauteur 2 m 30.

184. — Grand régulateur à caisse, racine de noyer, mouvement avec cadran ornementé de cuivre, chapeau avec frises ajourées, surmonté de trois statuettes en bois doré, Atlas et deux Renommées, fin du XVIIe siècle.

185. — Un petit lustre hollandais, cuivre, six lumières, paire de grands vases porcelaine de Canton, XIXe siècle, hauteur 0 m 87.

186. — Statuette biscuit moderne : *Enfant nu la tête couverte d'un voile*, hauteur 0 m 90.

187. — Table-bureau plat, Régence, marquetée de bois de rose et palissandre, garniture bronze doré, dimension 1 m 60 × 0 m 70 (restaurations).

188. — Petite commode Louis XV à trois tiroirs, marquetés de bois de rose, garniture bronze doré, longueur 1 m 12.

189. — Petite commode Louis XV à deux tiroirs, en marqueterie de bois de rose, bronzes dorés, longueur 0 m 92.

190. — Cabinet italien à porte de tabernacle et tiroirs, incrustation de bois de couleur, XVIIe siècle, longueur 1 m 05.

297

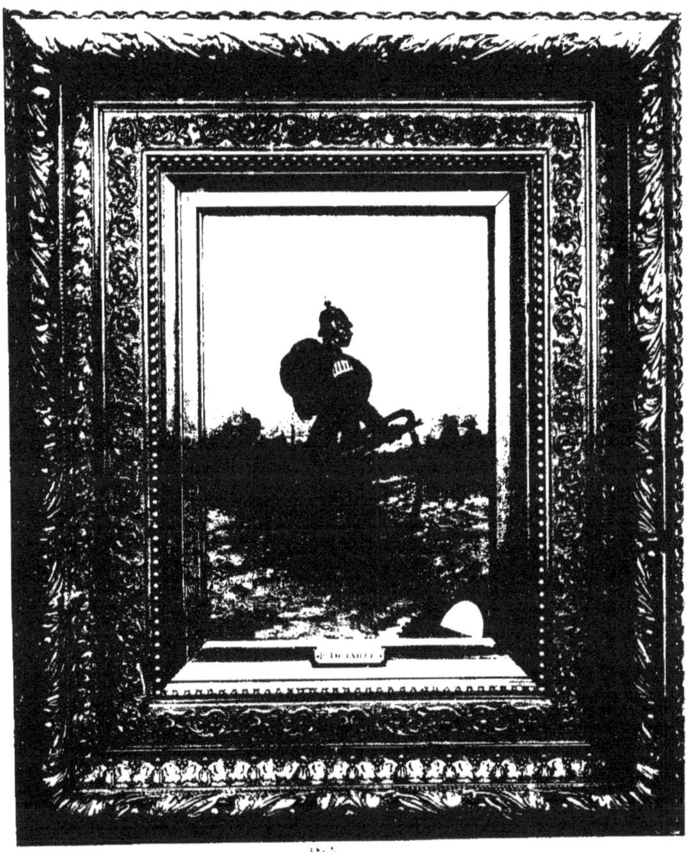

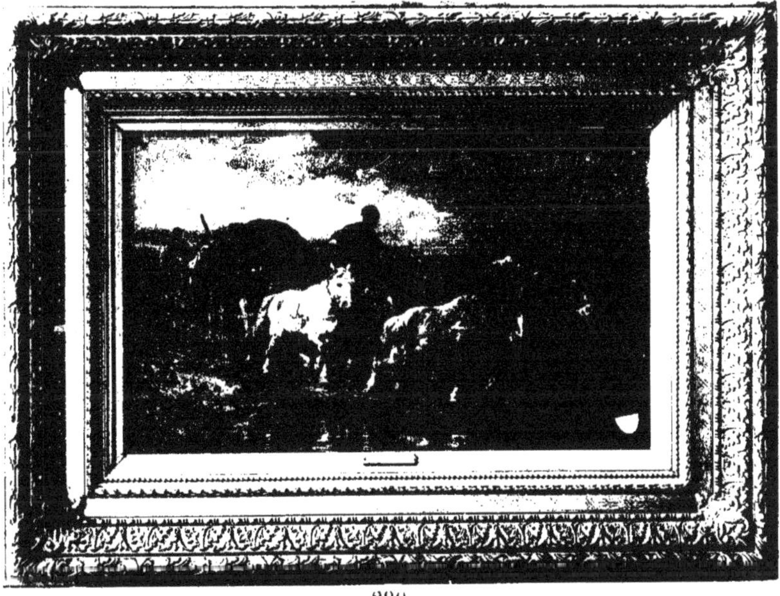

290

301

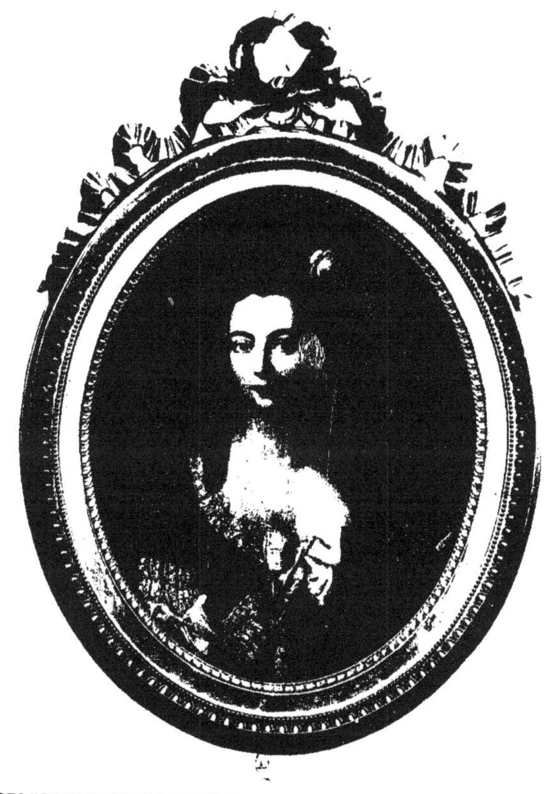

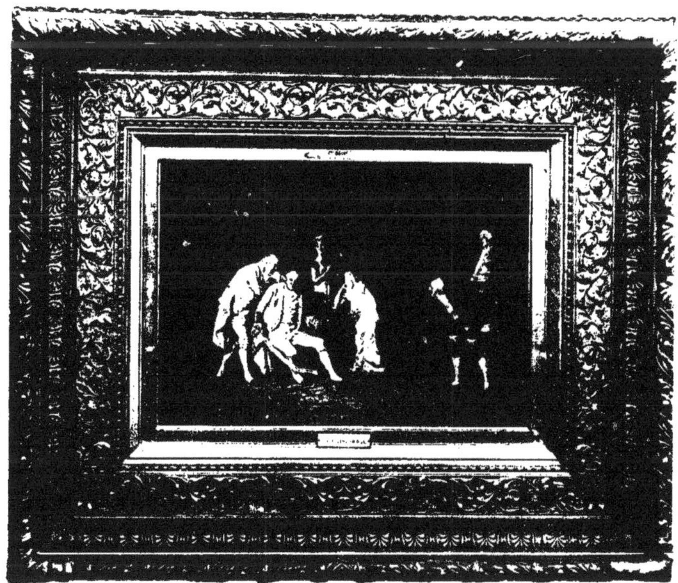

295

Garet & Haristoy Paris

Pl. X.

SIÈGES

MEUBLES DE SALON

RECOUVERTS EN TAPISSERIES D'AUBUSSON

---

191. — Une paire de fauteuils époque Louis XVI, noyer naturel (chapeaux), recouverts en tapisserie au point de canevas de l'époque de la Régence, personnages sur des fonds de fleurs.

192. — Six fauteuils à médaillons, en noyer naturel de l'époque de Louis XVI, relaqués blanc, recouverts en tapisserie d'Aubusson époque de Louis XVI, point fin et en bon état représentant, aux dossiers, des petits personnages encadrés de guirlandes de fleurs sur fond gris clair, centre fonds rouge, et *fables de La Fontaine* sur les sièges.

193. — Un canapé carré dossier légèrement cintré, noyer peint en blanc époque de Louis XVI, longueur 1m 90 ; Deux fauteuils allant avec (3 pièces), recouverts en tapisserie d'Aubusson du XVIIIe siècle, point fin, sujet à médaillon au dossier : *Jeux d'enfants, fables de La Fontaine* sur les sièges ; le dessin avec le coloris très agréable.

194. — Un canapé acajou, longueur 1m 70, et huit fauteuils Premier Empire, recouverts en tapisseries très fines d'Aubusson de l'époque du Directoire, représentant des petits personnages aux dossiers et des volatilles sur les sièges, encadrés par de charmants ornements enlacés de fleurs ; dessin de HUET, plein d'esprit et d'un coloris doux et harmonieux, fond gris clair, contre-fond vert olive clair.

(*)

Extrait de l'Album de l'Exposition rétrospective du Château de Pau (Année 1891).

PLANCHE XVIII. — Le **PENDULE RÉGULATEUR,** qui occupe le côté droit de cette Planche, appartient à Monsieur LAWRANCE.

Au point de vue de l'agencement des groupes, comme au point de vue du dessin et de la couleur, cette composition des " *Trois Parques* ", ingénieusement rassemblées autour du Balancier et attentives au rythme de ses mouvements rappelle, à coup sûr, l'esprit des décorations de BOUCHER. Ces carnations briquées d'un ton chaud et doré, vibrant au contact de draperies aux tonalités disparates habilement alliées, la morbidesse voluptueuse de ces corps de femmes, contrastant avec ces amours espiègles éparpillés dans le Ciel et y étalant leurs formes rebondies... tout, dans cette œuvre, procède de cette invention gracieuse et facile, propre au Peintre des Grâces.

Or, comme il est avéré qu'en dépit de ses nombreuses et importantes commandes, BOUCHER ne dédaigna pas de se reposer parfois sur des travaux d'ordre aussi secondaire que la décoration d'objets d'ameublement, l'attribution qui lui est faite de la décoration de ce Régulateur n'est pas chose, *à priori,* inadmissible.

Nous ne nous permettrons pas cependant de l'affirmer, car les copistes habiles n'étaient pas rares à la fin du XVIIIe siècle. Les peintures merveilleusement conservées et la parfaite harmonie de ce meuble méritaient, dans tous les cas, l'admiration unanime dont il a été l'objet.

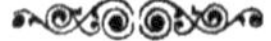

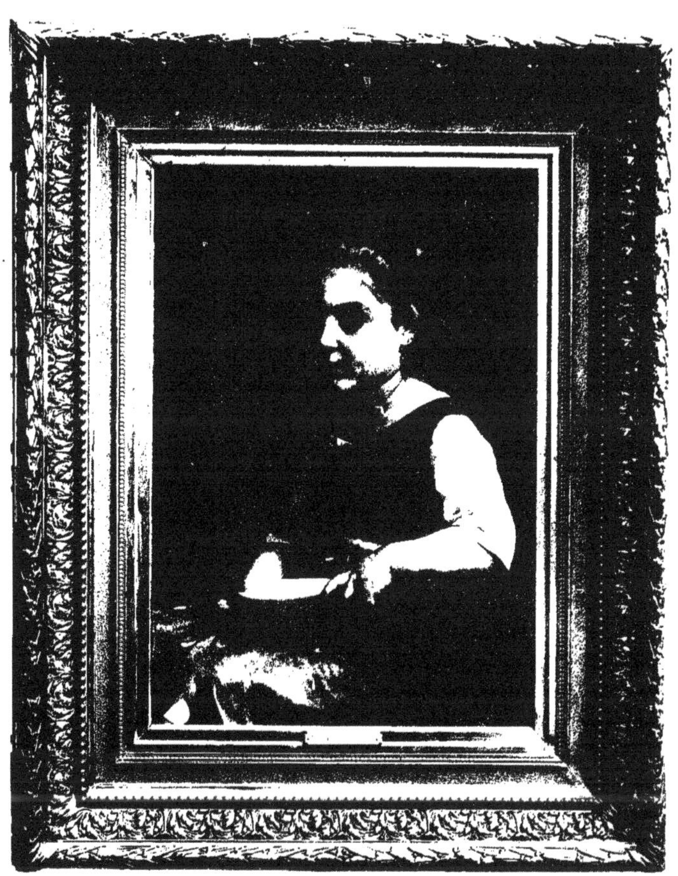

300

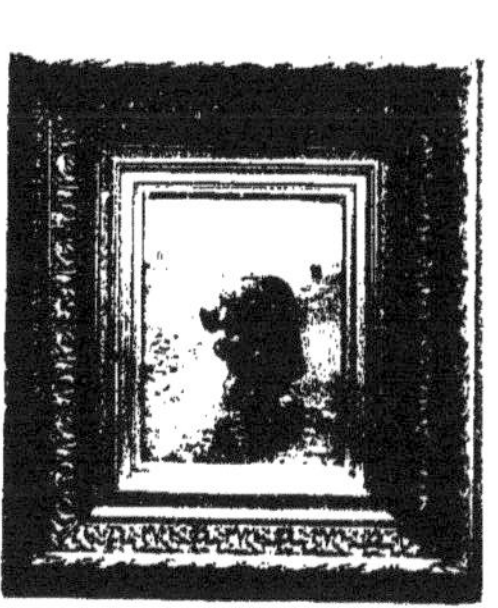

283

(Blomart)

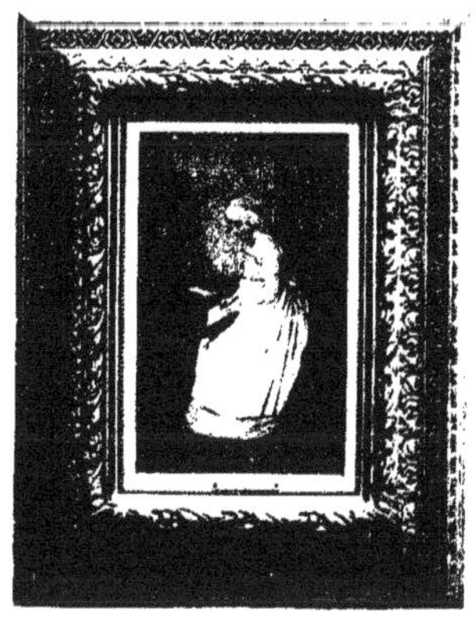

294

(Chaplin)

PANNEAUX EN TAPISSERIE

195. — *La Balançoire* h^r 2^m 40 × 1^m 45.
196. — *Les Vendangeurs* h^r 2^m 40 × 1^m 90.
197. — *Le Traîneau* h^r 2^m 40 × 2^m 20.

3 petits panneaux de salon, du milieu du XVIIIe siècle, petits personnages dans de riants paysages, d'après J.-B. HUET, d'un dessin très soigné, des plus séduisants par la beauté et la chaleur du coloris, en bon état.

RÉGULATEURS

198. — Grand régulateur à caisse Régence, plaqué de bois des Iles, garnitures bronzes, Restaurations, hauteur 2^m50.

199. — Régulateur à caisse Louis XV, orné, sujets allégoriques en peinture, vernis MARTIN, attribués à BOUCHER, sur fond bleu nattier, hauteur 2^m. *(Exposition de Pau.)*

GRAVURES NOIRES ENCADRÉES

200. — Sept sujets variés, photogravures encadrées.

201. — *Portrait d'homme*, DREVET EDELINCK (avarié) ; *Jean Gouer ; Lord Spencer ; G. Chaucer*, par G. VERTU (4 pièces).

202. — *Henri IV*, en pied, d'après PORTRES, S. GOULU (1810) ; *le Comte de Buffon*, dessiné par BOURSIER, gravé par HUBERT (2 pièces).

203. — *Philippe Evrard*, sénateur français, par TORTEBAT EDELINCK ; *Elisabeth Farneri*, reine d'Espagne, par A. PALOIS (2 pièces).

204. — *Hippolyte Rigaud*, gravé par EDELINCK ; *Hippolyte Rigaud*, gravé par DREVET (2 pièces).

205. — *Gillis de Glarges*, MIRVELT SUYDERHOUF ; *G. de Vintimille*, par DEVET, émargée (2 pièces).

206. — *François de Chastenet de Puységur*, par TOURNIER et DAULLÉ ; *Philippe de Courcillon Marquis de Dangeau*, par H. RIGAUD, gravé par DREVET (2 pièces).

207. — *François Castanier*, par H. RIGAUD, R. GAILLARD ; *S. Delpech Ch. Marquis de Nerville*, par DE LARGILLIÈRE et DREVET (2 pièces).

208. — *Honnourable Sr Charles Pratt Rn^t J. Reynolds*, S. G. HAID.

209. — *Gaspard de Vintimille*, par RIGAUD et DREVET.

210. — *Julien Hardouin Mansard*, par RIGAUD et EDELINCK ; *Louis de Boullongne*, par RIGAUD et LEPICIE (2 pièces).

211. — *Portrait de Prélat* (avarié), avant toute lettre ; *Cardinal Guillaume Dubois*, par RIGAUD et DREVET (2 pièces).

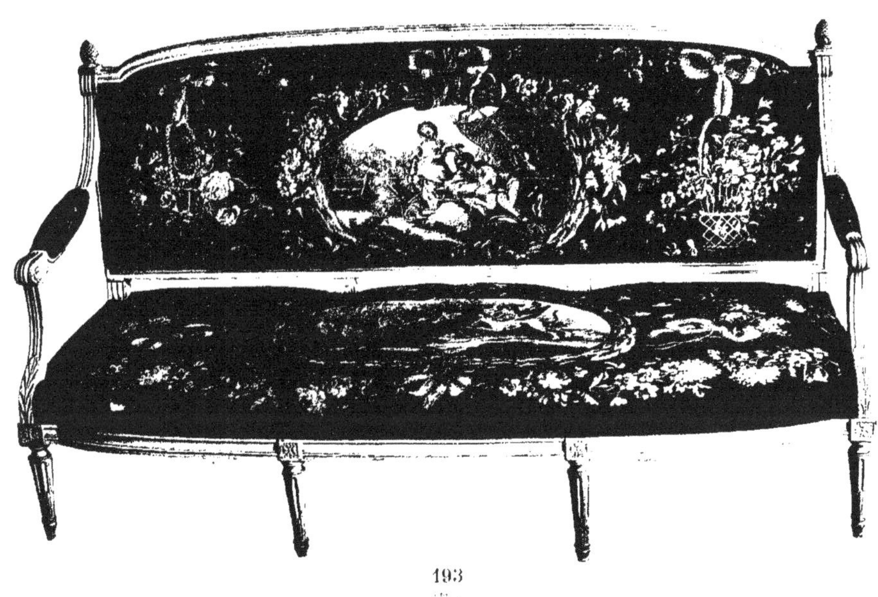

193

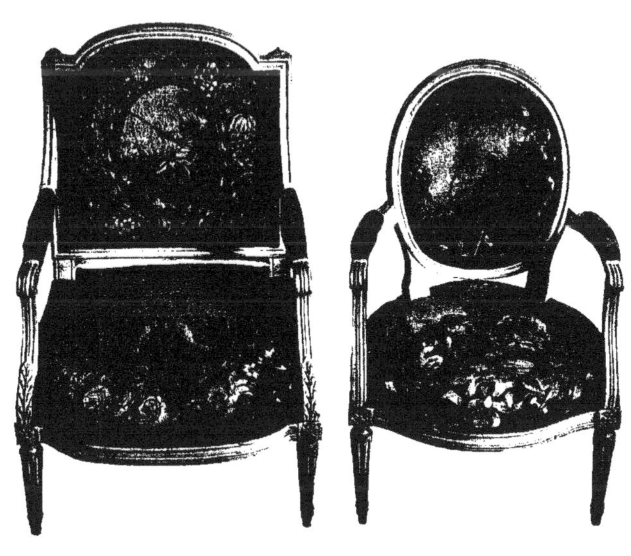

193 192

Garet & Haristoy, Pau

212. — *Clémens Decimusterlius pintil,* par B[te] PIRANESI, CUNEGO et PIRANESI ; *François de Beauvau,* par RIGAUD et DREVET (2 pièces).

213. — *Evrard Titon du Tillet,* par LARGELLIER et PETIT ; *Martinus Vanden Baugart,* par RIGAUD et EDELINCK (2 pièces).

214. — *Antoine de Pardaillan de Gondrin,* par H. RIGAUD et TARDRU ; *Louis Alexandre de Bourbon,* par RIGAUD et DREVET, émargée (2 pièces).

215. — *J. B. Colbert,* par RIGAUD et DONIC ; *Francesis de Moncader,* portrait équestre, par VAN DYCK et RAPHAEL UERGHER (2 pièces).

216. — *Marguerite d'Autriche,* femme de Philippe III, par DIEGO VELASQUEZ, gravé par F. GOYA ; *Philippe III,* par DIEGO VELASQUEZ, gravé par F. GOYA (2 pièces).

217. — *Joachim Napoléon,* buste, par WICAR et Antonin RICÉRANIS ; *Napoléon,* Premier Empereur des Français, buste, par LERACHE fils (2 pièces).

218. — *J. Dredem Phélippeau,* par VAN LOO et PETIT ; *François Bernard Potier,* portrait en pied, par VAN LOO et PETIT (2 pièces).

219. — *Henri IV,* portrait en pied, dessiné et gravé par DAVID, cadre doré.

220. — *Sully remettant l'argent de ses bois à Henri IV,* par CARESME et POTAS ; *Rendez-vous de chasse de Henri IV,* par BOREL et GURTEMBEZ ; *Henri IV faisant entrer des vivres dans Paris,* par CARESME et POTAS ; *Fillette faisant la lecture,* avant toute lettre (4 pièces).

221. — *Bal donné à Versailles pendant le Carême,* sous les ordres de M. le Duc de Duras (1703), par M. A. SLODTZ et MARTIMER.

222. — *La porteuse de fleurs,* avant toute lettre, encadrée.

223. — *Alexandre cédant sa maîtresse* et son pendant (2 pièces sanguines en médaillon), par ANGELIKA KAUFFMANN et BARKE.

224. — *Mariage Samnite,* par MONSIAU et RUOTTE.

(***)

225. — *Jupiter and Io,* sanguine, par CORRÈGE BARTHOLOZZI.

226. — *Children Bird Nesting,* Londres, Publ. 1789, par SMITH.

227. — *Blind Man Buff,* Londres, Publ. 1788, gravé par WARD, d'après MORLAND.

2 grandes pièces anglaises en couleur.

222[b] — *La Marchande de gâteaux,* par FLAMENG, émargée.

AQUARELLES - GOUACHES

228. — *Falstaff et le prince Henry*, J.-M. WRIGHT.
229. — *Vue de Genève*, gouache sans cadre.
230. — *Jeune Femme devant une corbeille de roses*, H. LEFLER.
231. — *Soubrette portant le petit déjeuner*, pastel (piqûres).
232. — *Querelle d'enfants en classe*, aquarelle (monogramme W.).
233. — *Madeleine repentante*, gouache avariée (copie).
234. — *Jeune Femme en costume Louis XV*, aquarelle, Lucio ROSSI, 1874.
235. — Le pendant.
236. — *Les Femmes savantes*, aquarelle gouachée, L. ROSSI.
237. — *Sur la Plage*, gouache, KAEMMERER.
238. — Encrier style Régence en laque d'or ; monture et accessoire en bronze doré.

PEINTURES

P.-B. DESPRÈS :

239. — *Chasseurs au bord d'un ruisseau; Le Cerf à l'étang,* hauteur $0^m 48 \times 0^m 64$ (2 pièces).

ANONYME :

240. — *Peupliers et Lointains,* époque 1830, hauteur $0^m 46 \times 0^m 38$.

DIAZ (copie) :

Jeune Fille dans un bois, hauteur $0^m 35 \times 0^m 46$.

WATTEAU (École de).

241. — *Le Bal dans un parc et la Musique* (récréation dans un parc), panneau, hauteur $0^m 22 \times 0^m 36$.

BOUCHER (d'après) :

242. — *Amour lutinant une jeune fille,* panneau, hauteur $0^m 24$.

ESCOSURA :

243. — *L'Accord de la Mandoline* (2 personnages), panneau, hauteur $0^m 15 \times 0^m 20$.

M. RICO :

244. — *Terrasse de la Maison de Bianco de Capello* (Venise), panneau, hauteur $0^m 20 \times 0^m 37$.

BOLDINI :

245. — *La Sérénade au Toréador,* toile, hauteur $0^m 44 \times 0^m 38$.

E. JOHANSON (1879) :

246. — *Scène d'intérieur : Femme sur chaise longue et sa Fillette,* toile sans cadre, hauteur $0^m 61 \times 0^m 76$.

H. TEN KATE :

247. — *Soldats jouant dans un cabaret,* panneau, $0^m 36 \times 0^m 56$.

PETER GREHAM :

248. — *Torrent en montagne,* toile, hauteur $0^m 60 \times 0^m 85$.

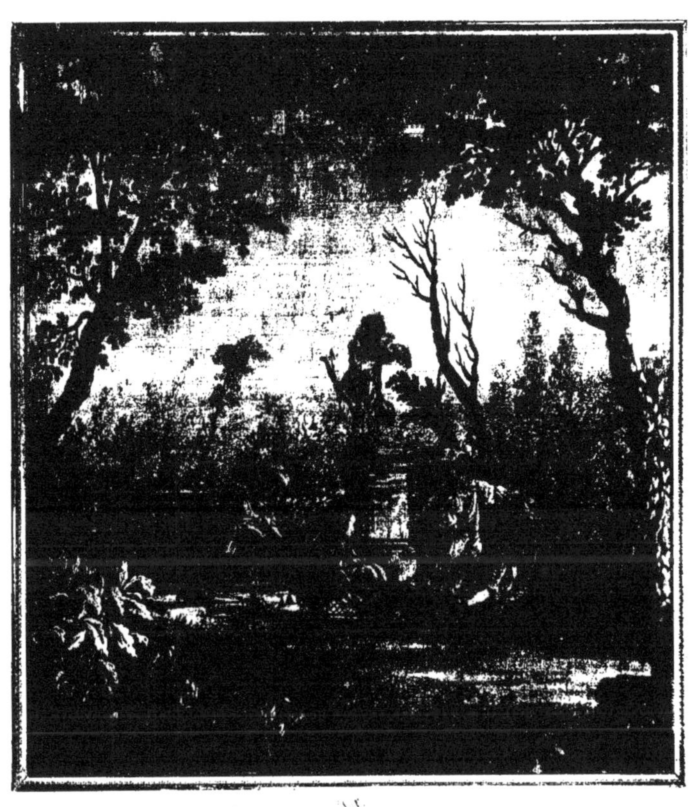

197

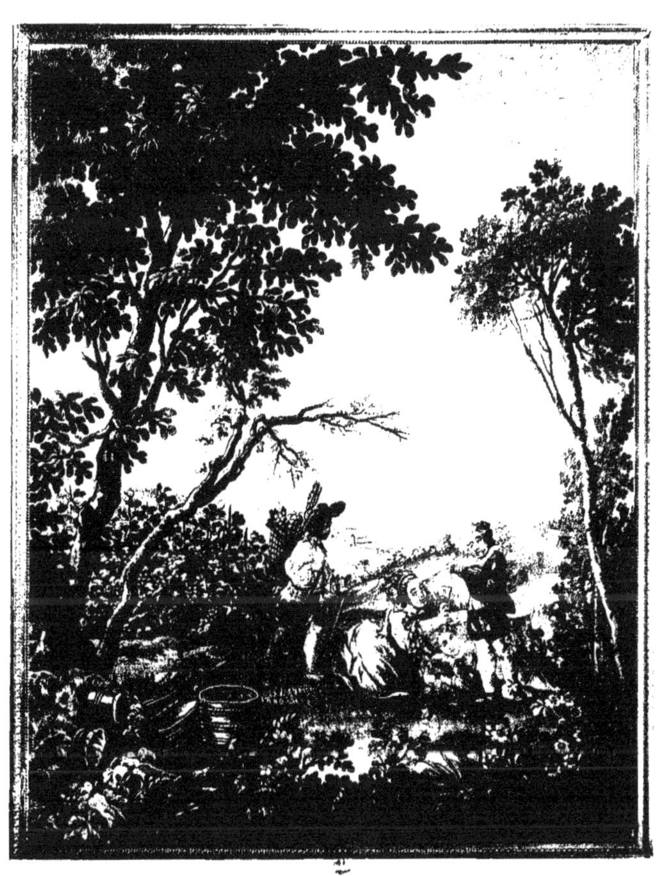

196

ANONYME :

249. — *Confidence : Jeune Femme sur un banc,* panneau, hauteur 0m 50 × 0m 35.

E. LEJEUNE :

250. — *La Cruche cassée,* toile, hauteur 0m 61 × 0m 50.

ERNESTO FONTANA :

251. — *Le Chasseur galant,* toile, hauteur 0m 59 × 0m 44.

V. LOUTREL :

252. — *Jeune Fille cousant une écharpe,* panneau, haut. 0m 28 × 0m 19.

H. TEN KATE :

253. — *Les Bulles de Savon,* panneau, hauteur 0m 15 × 0m 20.

ANONYME :

254. — *Portrait de Washington,* petit panneau, fin du XVIIIe siècle, hauteur 0m 14 × 0m 12.

L. MEYER :

255. — *Petite Marine,* toile, 0m 22 × 0m 31. — *Petite Marine,* toile, hauteur 0m 22 × 0m 27.

F.-H. KAEMMERER :

256. — *Jeune Femme en rose* (hiver), hauteur 0m 15 × 0m 27.

ANONYME :

257. — *Rhododendrons en montagne.*

A. POLLENTINI :

Palais des Doges, toile, hauteur 0m 30 × 0m 55.

GODCHAUX :

258. — *Vue des Pyrénées,* toile, hauteur 0m 97 × 1m 45.

G.-J. THENAT :

259. — *Le Grand Père,* panneau, hauteur 0m 32 × 0m 40.

A. TOULEMOUCHE :

260. — *Jeune Femme regardant par la fenêtre,* toile, haut. 0m 65 × 0m 40.

C.-H. BOUEHTON :

261. — *Jeune Femme au manchon lisant une lettre,* toile, hauteur 0m 60 × 0m 40.

F.-H. KAEMMERER :

262. — *Buste de jeune Fille en chapeau,* hauteur 0^{m} 36 × 0^{m} 28.

CONSTANT MAYER (1873) :

263. — *Femme et petit enfant assis sur un mur,* haut. 0^{m} 88 × 0^{m} 60.

V. CAPOBLANCHI :

264. — *Intérieur d'Artiste,* panneau, hauteur 0^{m} 50 × 0^{m} 65.

J.-H. DELPECH (1874) :

265. — *Jeunes Chats devant une Souris,* toile, hauteur 0^{m} 32 × 0^{m} 47.

G. CERN :

266. — *Jeune Femme regardant un livre sur un pupître,* panneau 0^{m} 30 × 0^{m} 20.

JACQUET :

267. — *Profil de jeune Fille,* panneau, hauteur 0^{m} 34 × 0^{m} 25.

A.-M. JAMES (1857) :

268. — *Voyageurs en Montagne,* toile, hauteur 1^{m} 05 × 1^{m} 85.

F. FRÈRE :

269. — *Deux Fillettes se réchauffant dans un bois,* toile, hauteur 1^{m} × 0^{m} 80.

F. FONTANA :

270. — *Poste improvisée : Deux jeunes Filles tirant une lettre d'une cachette,* toile, hauteur 1^{m} × 0^{m} 76.

L.-B. HURT (1879) :

271. — *Taureaux en Montagne,* toile, hauteur 1^{m} × 0^{m} 76.

J.-A. WALKER :

272. — *Dragons frappant à une ferme* (épisode de 1870), toile, hauteur 0^{m} 42 × 0^{m} 60.

J.-F. HERRING :

273. — *Têtes de Chevaux mangeant de la paille,* toile, hauteur 0^{m} 60 × 0^{m} 80.

RUBENS (Copie) :

274. — *Chasse aux Lions,* toile, hauteur 0^{m} 98 × 1^{m} 30, cadre bois sculpté, doré, du XVIIIe siècle.

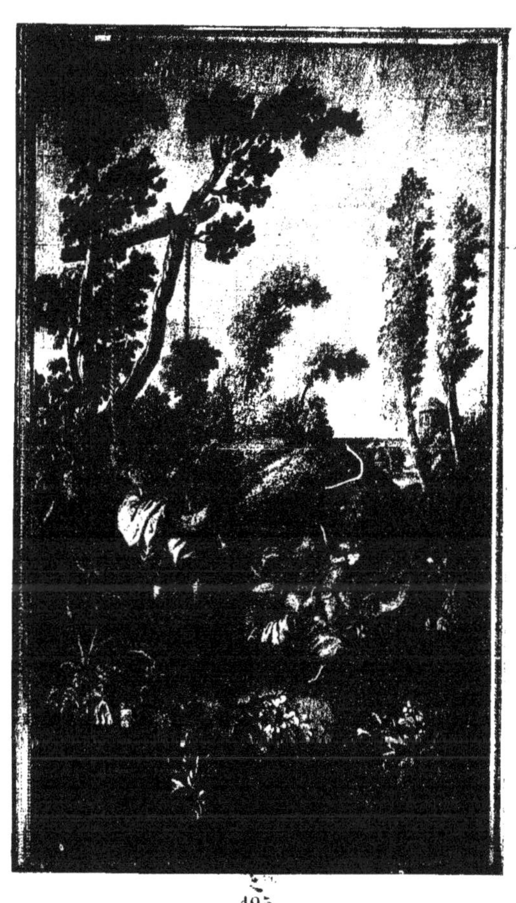

195

PRIMITIF (Ecole flamande) :

275. — *Saint Jean* et portrait d'un évêque sur fond or, deux panneaux du XVIIe siècle, cadre noir, hauteur 0m 70 × 0m 30.

BOURGUIGNON (attribué) :

276. — *Combat de Cavalerie,* toile du XVIIIe siècle, haut. 0m 60 × 1m 12, cadre bois doré de l'époque.

ANONYME (École Espagnole) :

277. — *Jeune Femme à la Mandoline,* toile du XVIIIe siècle, hauteur 0m 96 × 0m 75, cadre bois doré de l'époque.

ANONYME (Ecole Italienne) :

278. — *Le Temps soulevant un voile qui recouvrait une Femme endormie,* toile du XVIIIe siècle, hauteur 1m 08 × 0m 98.

MIGNARD (Copie) :

279. — *Petit Portrait de femme* du XVIIIe siècle, cadre bois sculpté doré de l'époque, hauteur 0m 42 × 0m 34.

ÉCOLE ESPAGNOLE :

280. — *Portrait d'un Prince,* fin XVIIe siècle, toile, haut. 0m 71 × 0m 54.

BOUCHER (d'après) :

281. — *Quatre dessus de porte représentant les quatre saisons,* sans cadre, toiles, hauteur 1m 11 × 1m 30.

J. AUBERT :

282. — *Jeune Fille donnant à boire à un petit âne,* toile, hauteur 0m 70 × 0m 50.

BLOMART :

283. — *Jeune Femme faisant baigner son bébé,* panneau, hauteur 0m 25 × 0m 20.

ANONYME (École Italienne) :

284. — *Les Fumeurs* (trois personnages autour d'une table), toile, hauteur 1m 10 × 1m 55.

ANONYME (École Italienne) :

285. — *Le Concert* (jeune homme et jeune fille chantant appuyés sur une table couverte de fruits), quatre personnages, toile, hauteur 1m 10 × 1m 17.

MAX :

286. — *Tête de jeune Fille coiffée de blanc,* panneau, hauteur 0m 25 × 0m 18.

COELLO (ALONZO), attribué :

286 bis. *Portrait en pied de Princesse espagnole,* hauteur 1m 85 × 1m 10.

Copie de VAN LOO :

286 ter. *Portrait en cuirasse du roi Louis XV,* toile du XVIIIe siècle, hauteur 1m 50 × 1m 30.

286 quater. Superbe et grand cadre de portrait en bois, sculpture artistique et doré, du XVIIIe siècle ; parfait état.

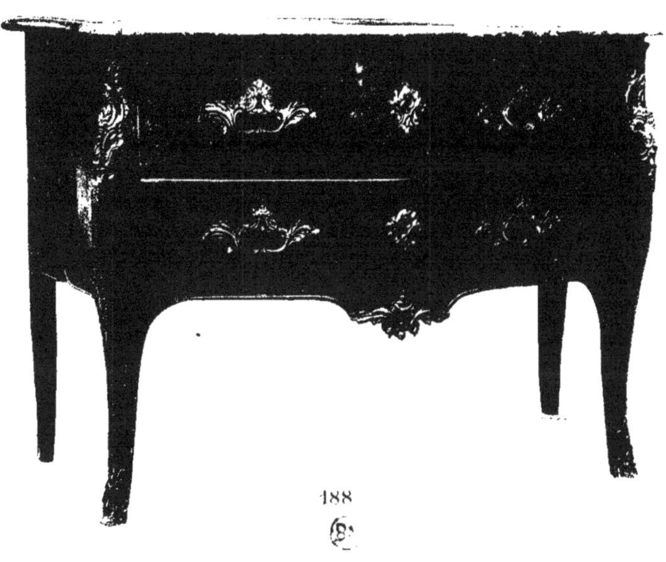

188

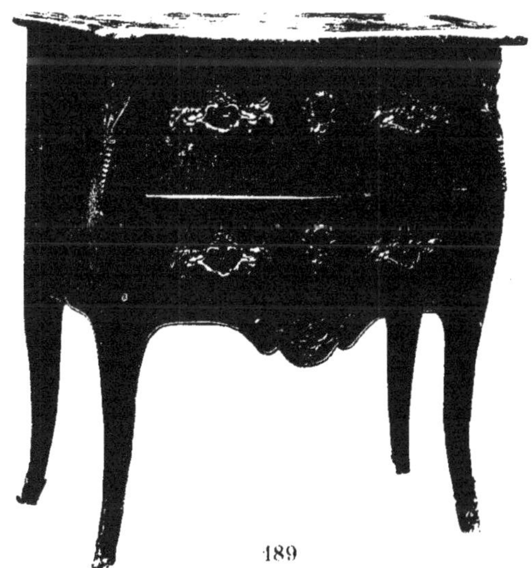

189

PEINTURES PHOTOGRAPHIÉES

DE LEUW :

287. — *Chevaux montés et Chevaux conduits dans un paysage*, toile, hauteur 0m 60 × 0m 90.

E. VAN MARCKE :

288. — *Bœufs en prairie*, toile, hauteur 0m 56 × 0m 83.

PETER GREHAM (1893) :

289. — *Taureaux en marais*, toile, hauteur 0m 62 × 0m 92.

A. SCHREYER :

290. — *Attelage de Romanichels*, toile, hauteur 0m 45 × 0m 75.

MADRAZO :

291. — *Jeune Femme à l'éventail*, toile, hauteur 0m 66 × 0m 50.

F.-A. BRIDGMAN :

292. — *Arabes dans l'intérieur d'une cour*, toile, haut. 0m 62 × 0m 81.

P.-J. CLAYS :

293. — *Le Zuiderzée*, marine, hauteur 0m 75 × 1m 10.

CH. CHAPLIN :

294. — *Fillette feuilletant un album*, hauteur 0m 30 × 0m 20.

A. CASANOVA :

295. — *Le Cornet acoustique* (scène humoristique), toile, hauteur 0m 40 × 0m 55.

E. FICHEL (1880) :

296. — *Repas à l'Auberge*, panneau, hauteur 0m 25 × 0m 35.

E. DETAILLE (1878) :

297. — *Clairon allemand*, toile, hauteur 0m 30 × 0m 23.

ROSA BONHEUR :

298. — *Taureau en raccourci*, toile, hauteur 0m 80 × 0m 64 (monogramme).

Rosa Bonheur (1892) :

299. — *Mouflons*, toile, hauteur 0m 35 × 0m 38 (monogramme).

W. Bouguereau :

300. — *Fillette au bol*, toile, hauteur 0m 70 × 0m 50.

École Française (xviiie siècle) :

301. — *Portrait de jeune Femme*, coiffure à la reine, ovale dans son cadre, toile, hauteur 0m 65 × 0m 55.

École Espagnole, xviiie siècle :

302. — *Portraits de deux jeunes Garçons*, toile, hauteur 0m 68 × 0m 57, cadre époque de Louis XVI.

École Espagnole, xviie siècle :

303. — *Portrait d'homme coiffé*, toile, hauteur 1m × 0m 57, cadre bois sculpté du temps.

304. — *(Voir* **286** *bis.)*

305. — *(Voir* **286** *ter.)*

Roger de Bruges (attribué) :

306. — *Vierge assise tenant l'Enfant Jésus*, peinture sur fond or, panneau du xve siècle, hauteur 0m 70 × 0m 40.

307. — *(Voir* **286** *quater.)*

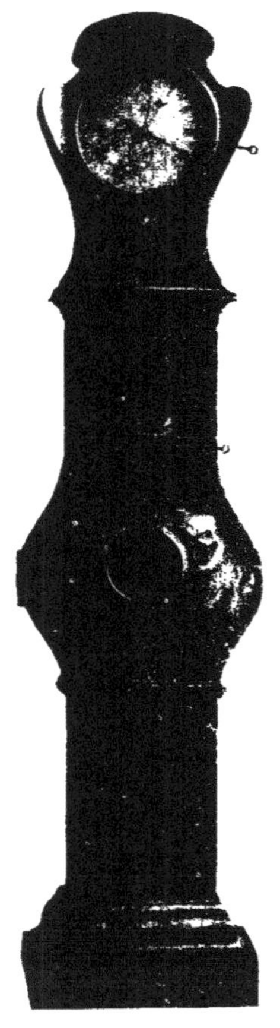

199

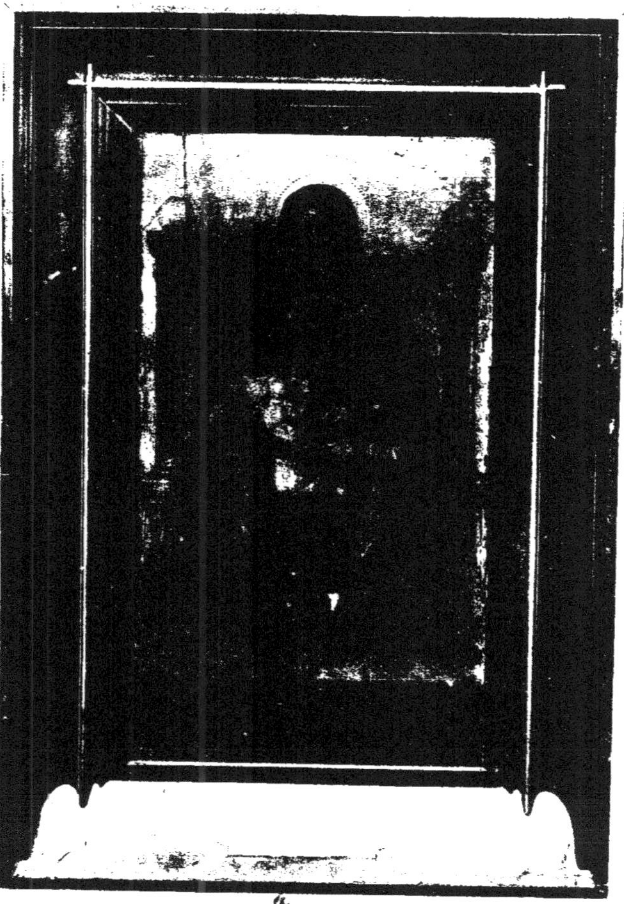

306

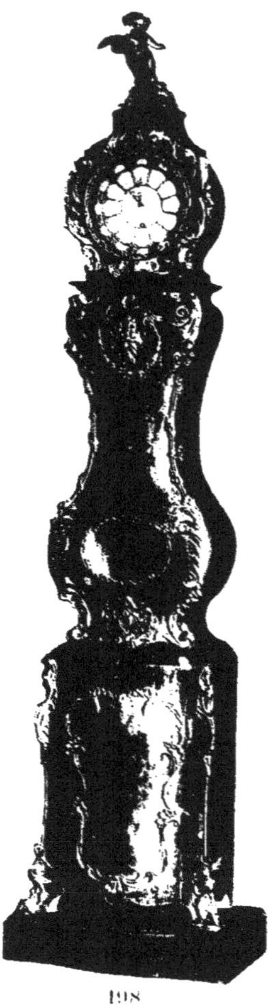

198

A Haristoy, [illegible]

Pl. XVIII

TAPIS D'ORIENT - PORCELAINES

308. — Une carpette.

309. — Une carpette.

310. — Service de table Compagnie des Indes, armoirié, fleurs et filets, composé de : 7 plats longs octogones ; 58 assiettes creuses et plates octogones.

311. — Autre service de table Compagnie des Indes, armoirié, composé de : une soupière et son couvercle, 6 plateaux octogones, 12 assiettes octogones, 4 petites assiettes à fruits.

312. — En plus du même service : 5 tasses à café, 3 bols et une soucoupe.

NOTA

On vendra le Samedi 21 Décembre et jours suivants, à 2 heures,

UN IMPORTANT MOBILIER MODERNE

comprenant notamment : Meubles de salon, Salle à manger, Chambres à coucher, Meubles anglais en acajou, Piano à queue, Bibliothèque, Glaces, Tapis d'Orient, Tentures, Porcelaines, etc.

Limousine DELAUNAY-BELLEVILLE (1907)

40-50 HP (Carrosserie Rothschild). Allumage haute tension.

LANDAULET électrique (Krieger), 42 éléments.

PAU

IMPRIMERIE-LITHOGRAPHIE GARET & HARISTOY

Photo SUBERCAZE, Pau.

www.ingramcontent.com/pod-product-compliance
Ingram Content Group UK Ltd.
Pitfield, Milton Keynes, MK11 3LW, UK
UKHW020404180726
13839UKWH00003B/1255

9 782329 538341